26 Avril 1904.

V

VENTE

HOTEL DROUOT — SALLE N° 11

Les Mardi 26 et Mercredi 27 Avril 1904

A 2 HEURES 1/4

MEUBLES ANCIENS

en bois sculpté et ornés de bronzes

MEUBLES EN BOIS DE SENTAL

OBJETS D'ART

EUROPÉENS et de L'ORIENT

Bijoux, Argenterie

TABLEAUX

Tapisseries — Tapis de Perse — Tentures

Me F. LAIR-DUBREUIL
COMMISSAIRE-PRISEUR
6, Rue de Hanovre, 6

M. Arthur BLOCHE
EXPERT PRÈS LA COUR D'APPEL
51, Rue Saint-Georges, 51

EXPOSITION PUBLIQUE

Le Lundi 25 Avril 1904, de 2 heures à 6 heures

C. CHAUFOUR
8-10, RUE MILTON, 8-10
PARIS

CONDITIONS DE LA VENTE

La vente sera faite expressément au comptant.

Les acquéreurs paieront dix pour cent en sus des enchères.

L'exposition permettant au public de se rendre compte de la nature et de l'état des objets, il ne sera admis aucune réclamation une fois l'adjudication prononcée.

Imp. C. Chaufour, 8-10, rue Milton, Paris

DÉSIGNATION

MEUBLES

1 — Précieux meuble en bois de Santal finement sculpté et plaqué d'ivoire incrusté et gravé, le dessus de forme octogonale, présente un damier parties sculptées, parties d'ivoire et posé sur une colonnette supportée par un piétement en forme d'étoile. Travail de l'Inde.

2 — Meuble à bijoux garni de cinq tiroirs en bois de Santal finement sculpté et plaqué d'ivoire gravé et incrusté de même travail.

3 — Petit cabinet d'aspect architectural en bois de Santal plaqué d'ivoire ; ouvrant à deux

vantaux finement sculptés et flanqué de deux colonnettes détachées. Même travail.

4 — Joli coffret à ouvrage en bois de Santal délicatement sculpté et plaqué d'ivoire incrusté et gravé. Même travail.

5 — Console en bois sculpté peint et relevé de dorure. Epoque Louis XV, dessus de marbre.

6 — Glace d'époque Louis XIV, cadre en bois sculpté et doré, fronton à ornements, oiseaux et palmes.

7 — Glace dans un cadre en bois sculpté et doré Louis XV ; fronton ajouré à fleurs.

8 — Deux consoles-supports en bois sculpté à consoles feuillagées et à perlés.

9 — Grand porte-manteaux dit dos d'âne en noyer sculpté.

10 — Commode d'époque XVIIIe siècle en bois de placage.

11 — Deux encoignures Louis XVI et bois sculpté laqué blanc.

12 — Bahut flamand à deux corps en bois sculpté décor à personnages, fruits et chimères.

13 — Table Louis XIII en chêne sculpté.

14 — Bergère Louis XVI en bois sculpté laqué blanc couverte en toile de Jouy.

15 — Fauteuil en noyer sculpté couvert en velours rouge. Style Louis XIV.

16 — Deux fauteuils Louis XV en bois sculpté laqué blanc, foncés de canne.

17 — Quatre chaises et deux fauteuils en noyer sculpté foncés de canne. Style Louis XVI.

18 — Guéridon rond en marqueterie à losanges en palissandre.

19 — Grand buffet à deux corps en bois sculpté peint blanc, le bas ouvrant à trois portes pleines, le haut à trois portes garnies de glaces. Style Louis XV.

20 — Lit de milieu Louis XVI en bois sculpté et laqué blanc.

21 — Lit de milieu Louis XVI foncé de canne en bois sculpté laqué blanc.

22 — Armoire normande en chêne sculpté.

23 — Ameublement de salle à manger en noyer finement sculpté, style Louis XV composé d'un grand buffet à étagère, douze chaises garnies de cuir et d'une table ronde avec trois allonges et demi.

24 — Armoire normande Louis XIV.

25 — Buffet desserte en chêne orné de peintures.

26 — Grande desserte en acajou à trois tiroirs ouvrant à trois portes vitrées. Travail de la maison Maple.

27 — Deux chaises en acajou sculpté couvertes en toile. Travail de la maison Maple.

28 — Chiffonnier ouvrant à cinq tiroirs en acajou. Travail de la maison Maple.

29 — Desserte en acajou. Travail de la maison Maple.

30 — Table de nuit en acajou et marqueterie de citronnier. Travail de la maison Maple.

31 — Table carrée et quatre chaises en laque incrustée d'ivoire et de nacre. Travail persan.

32 — Glace ovale avec cadre en bois sculpté et doré et ornée de verres de Venise. Epoque Louis XV.

33 — Glace dans un cadre doré de style Louis XV, fronton à figures d'amours.

34 — Salle à manger en noyer sculpté de style Henri II composée d'un buffet à deux corps une table et six chaises garnies en cuir.

35 — Grand bahut ouvrant à deux portes en marqueterie de Boulle, garni de bronzes.

36 — Table à jeu en bois noir incrusté de cuivres.

37 — Console en acajou sculpté à étagères dessus en marbre blanc.

38 — Grande glace cadre doré.

39 — Cheminée en tôle émaillée noire avec ornements de cuivre.

40 — Cheminée en fonte, avec ornements et cariatides de femmes sur les côtés.

OBJETS D'ART

41 — Pendule en marbre noir, cadran de forme architecturale, ornée de bronzes posant sur un entablement à console, commencement du XIXe siècle.

42 — Pendule en bronze doré surmontée d'une statuette de personnage grec.

43 — Pendule en bronze doré avec figure de jeune femme offrant des fleurs à la madone.

44 — Galerie de foyer en cuivre doré style Louis XVI avec porte-pelle et pincettes.

45 — Lustre en cuivre poli à douze lumières.

46 — Groupe en bronze : Combat de coqs, par Parmentier.

47 — Deux lampes en bronze style Empire avec récipients en cristal.

48 — Deux flambeaux en bronze argenté, style Louis XVI.

49 — Applique à cinq lumières en cuivre poli.

50 — Petit lustre en cuivre à six branches à gaz.

51 — Grand pot à anse en ancienne faïence, décor en bleu aux armes de France entourées de branches de feuillage.

52 — Grand pot analogue et de même décor.

53 — Deux petits sphinx accroupis en bois sculpté.

54 — Tête de jeune fille en marbre blanc, signée Véron.

55 — Gismonda. Tête en grès muller.

56 — Groupe en albâtre : Les trois Grâces.

57 — Trois panneaux en bois incrustés de nacre, décor à personnages, travail de l'Extrême-Orient, dans un même cadre.

58 à 61 — Six plats ronds en cuivre repoussé. Epoque du XVe siècle.

62 — Saucière en ancienne faience d'Alcora, décor aux perdrix.

63 — Montre en or repoussé, époque Louis XV.

64 — Deux chaînes anciennes en or double et ornées de perles.

65 — Deux vases sur piédouches en porcelaine du Ier Empire fond rouge et or, décorés de médaillons à scènes de batailles, anses à cariatides de femmes ailées.

66 — Brûle-parfums en bronze du Japon posant sur trépied, couvercle surmonté d'une chimère.

67 — Deux vases en faience du Japon ornés d'émaux à personnages, et rehauts d'or.

68 — Deux bouteilles en bronze du Japon à patine verte, avec dragon argenté enroulé.

69 — Deux potiches avec couvercles en porcelaine de Chine fond jaune impérial décor au dragon.

70 — Potiche en ancienne porcelaine du Japon décor à fleurs en bleu et rouge.

71 — Deux plats en ancienne faïence de Delft décor au paon.

72 — Plat en ancienne faïence de Deruta offrant au centre un cavalier

73 — Deux vases en porcelaine de Chine décor à personnages en émaux de couleurs.

74 — Deux bouteilles à panses aplaties en porcelaine de Chine, décor, à médaillons de paysage sur un fond jaune orné d'arabesques.

75 — Deux saucières en porcelaine de Saxe, décorées de volatiles et d'insectes.

76 — Statuette en marbre : le Printemps, de Télémaque.

77 — Bas relief en marbre : Mimi.

78 — Bas relief en marbre : Marguerite.

79 — Deux bustes en bronze, Jean qui rit et Jean qui pleure.

80 — Groupe en bronze, d'après Clodion, Faunesse et Bacchante.

81 — Statuette en bronze représentant Napoléon Ier en costume de sacre, socle en marbre.

82 — Statuette en bronze, la Vénus marine.

83 — Statuette en bronze, la Fleuriste pompéienne.

84 — Paire de bras d'applique Louis XVI en bronze ciselé et doré.

85 — Pendule en bronze ciselé et doré, style Louis XVI.

86-88 — Six coffrets anciens de la Perse en bois laqué et ornés d'incrustations de cuivre et d'ivoire.

89 — Deux glaces anciennes Persanes en bois laqué et incrusté d'ivoire et de cuivre.

90 — Quatre glaces anciennes Persanes ornées de peintures à personnages et fleurs.

91 — Deux encriers, ancien circasien en bois orné de peintures et d'incrustations.

92 — Glace ancienne persane en bois laqué et orné d'incrustations de cuivre et d'ivoire à petites rosaces.

93 — Quatre poires à poudre, travail ancien persan.

94 — Deux poires à poudre en nacre, travail ancien circasien.

95 —Deux couvercles de narghilé en acier gravé et orné d'incrustations d'or, travail ancien de la Perse.

96 — Treize carreaux en faïence persane à personnages.

97 — Deux petites jardinières anciennes persanes en cuivre gravé.

98 — Bouteille ancienne persane en cuivre gravé.

99 — Sept pièces, tasses, couvercles de narghilé, en cuivre gravé.

100 — Flambeau ancien persan en cuivre gravé.

101 — Petit plateau rond ancien persan en cuivre gravé.

102 — Hache ancienne persane damasquinée d'or.

103 — Fusil ancien persan canon orné d'incrustations.

104 — Pistolet ancien.

105 — Sabre persan ancien, poignée en os.

106 — Poudrière ancienne persane en boyau de mouton, à ornements gravés. et à vestiges de dorure.

107 — Plateau en tôle peinte.

108 — Sept pièces, bracelets et bagues circasiens, agrafe et flacon.

109 — Cinq montures de jupes anciennes persanes, en cuivre émaillé.

110 — Mouchette en fer et couvercle de boîte en porcelaine.

111 — Réchaud ancien persan en cuivre repoussé de forme octogonale.

112 — Jardinière ancienne persane en cuivre gravé.

113 — Garniture de cheminée composée d'une pendule en marbre blanc surmontée d'une figurine de femme en bronze et de deux candélabres à cinq lumières.

114 — Deux chandeliers à deux branches en bronze poli. Style XVIe siècle.

115 — Deux appliques à deux lumières en bronze à fond de glace.

116 — Pendulette de voyage en cuivre garni de strass et décorée de peintures.

117 — Statuette en bronze : la Fillette à l'ombrelle, signée Kossowsky.

118 — Deux coupes à deux branches de lumière en bronze doré.

119 — Buste en bronze représentant Ferdinand de Lesseps.

120 — Petite aiguière, bassin et verre en ancienne porcelaine à la Rei e à bouquets de fleurs, bordure dorée.

121 — Plaque en émail de Limoges, sujet allégorique.

122 — Deux très petites potiches en faïence de Delft, décor en bleu.

123 — Paire de flambeaux Louis XVI en bronze doré.

124 — Petite pendule de Boulle avec socle.

125 — Deux médailles en bronze Louis-Philippe dans un écrin en cuir rouge.

126 — Croix en céramique sur peluche.

127 — Deux figurines en ancienne porcelaine anglaise.

128 — Légumier en porcelaine de Chine, décor à personnages.

129 — Statuette en grès émaillé de Chine, personnage dansant.

130 — Service de table en faïence anglaise.

131 — Lot de tasses et pièces de service en porcelaine décorée.

BIJOUX, ARGENTERIE

OBJETS DE VITRINE

132 — Sautoir en or enrichi de quarante pierres fines.

133 — Remontoir en or orné d'une miniature sur fond émaillé.

134 — Remontoir or boitier relief très finement ciselé.

135 — Bague-marquise ovale ornée d'une opale avec double entourage en diamants.

136 — Bague or, rivière au centre, trois rubis d'Orient avec double entourage en diamants.

137 — Bague or forme hexagone, ornée d'un perido avec double entourage en diamants.

138 — Bague or ornée d'un rubis entouré de diamants.

139 — Bague or fil ornée d'une perle fine.

140 — Bague marquise or ornée de saphirs entourés de diamants.

141 — Bague marquise or enrichie de rubis et diamants.

142 — Epingle de cravate or avec perle fine.

143 — Boutons d'oreilles or à vis, ornés de perles fines.

144 — Epingle à chapeau vermeil, émail translucide et perle fine.

145 — Pelle à gâteaux, manche argent.

146 — Couvert d'enfant en argent russe.

147 — Deux pièces à hors-d'œuvre, manches argent.

148 — Cuiller à compote, manche argent.

148 *bis* — Manche à gigot manche argent.

149 — Sautoir en vermeil.

150 — Broche or massif très finement ciselé formant pendentif, ornée d'une topaze au centre, de rubis cabochons et d'une perle fine formant pendant.

151 — Bague or émaillé, ornée de roses, XVIe siècle.

152 — Petit chapelet en or avec croix ornée de roses

153 — Tabatière en agate ornée de roses et rubis. Epoque Louis XV.

154 — Eventail monture ivoire, peint à personnages, feuille représentant une scène mythologique. Epoque Louis XV.

155 — Deux légumiers à double fond avec couvercles et plateau en argent

156 — Miniature portrait de Louis XVIII.

157 — Miniature portait de femme. Commencement du XIXe siècle.

TABLEAUX

DESSINS, AQUARELLES, GRAVURES

158 — ARTIGUE. *Femme au chat.*

159 — BERGERET. *Antoine et Cléopâtre.* Esquisse.

160 — BERGHEM (Attribué à). *Bergers et bergère gardant leurs troupeaux.*

161 — BOILLY (Attribué à). *Portrait de femme.*

162 — CASANOVA. *Berger et son troupeau.* Toile ovale.

163 CÉRÉMOIS (ALLERT DE). *Vue intérieure de Saint-Pierre de Rome.* Aquarelle.

164 — CHAPLIN (D'après). *Méditation et révélations.* Deux gravures.

165 — CLAIRIN. *Danse de Bacchantes.*

166 — CLÉMENTINE D'ORLÉANS (Princesse). *Bateau de pêche* (Aquarelle signée CLÉMENTINE 1841).

167 — DAVID (Attribué à). *Portrait de femme en robe blanche décolletée, les épaules couvertes d'un manteau rouge.*

168 — DEMAREST. *Intérieur de cour d'Hospice.*

169 — DEMAREST. *Scène Louis XV.*

170 — DUPRAY. *La Garde républicaine à cheval revenant des courses de Longchamps.*

171 — DUPRAY. *Gendarme en grande tenue.*

172 — DUTOY (P.) *Femme nue couchée sur un divan.*

173 — GREUZE (Genre de). *Portrait de jeune fille.*

174 — GRILLET. *Paysages.* Deux fusains.

175 — HELLEMONT (M. V.). *Alchimistes.* Deux pendants.

176 — HUET (J. B.). *Vénus et Adonis.* Dessin rehaussé de couleur.

177 — HUET (Genre de). *Paysage.*

178 — INGRES (Attribué à). *Tête d'Enfant.* Dessin au crayon.

179 — ISABEY. *Portrait d'homme.* Dessin au crayon.

180 — JOLIMONT (T. DE). *Vues de Chartres.* Deux aquarelles.

181 — LARGILLIÈRE (Attribué à). *Portrait de Mademoiselle de Banne.* Représentée presque

de face, en corsage brocart et draperie rose. Cadre ovale en bois sculpté et doré.

182 — MARILHAT. *Le Bûcheron*. Panneau.

183 — MICHEL. *Le Ravin*. Panneau.

184 — MIÉRIS (Genre de). *Les Deux Vieux.*

185 — MONNOYER (Genre de). *Corbeille de fleurs.*

186 — MOREAU (Attribué à). *La Réunion des Amours*. Gouache.

187 — MORLAND (D'après). *La Visite à la pension de famille.*

188 — MORLAND (D'après). *La Visite à l'Enfant en nourrice*. Deux gravures en couleur par WARD.

189 — PRUD'HON (D'après). *Vénus et l'Amour.*

190 — ROLLA (LÉON). *Ferme à Marlottes*. Dessin à la plume, encre rouge.

191 — ROTTENHAUMER. *La Mort de Thisbé.* Peinture sur cuivre.

192 — ROSALBIN. *L'Amour désarmé.*

193 — VALLÉ. *La Lavandière.*

194 — VAN HUYSUM. *Vase de fleurs.*

195 — ÉCOLE FLAMANDE. *La Fileuse.*

196 — ÉCOLE FLAMANDE. *Buveur et Liseur.*

197 — ÉCOLE FRANÇAISE. *La Femme à la colombe.* Pastel.

198 — ÉCOLE FRANÇAISE. *Paysage.* Gouache ancienne.

199 — ÉCOLE FRANÇAISE. *Sainte-Madeleine.* Gouache. Cadre rond en bois sculpté et doré.

200 — ÉCOLE FRANÇAISE. *Paysage animé de figures au bord d'un torrent*

201 — ÉCOLE FRANÇAISE XVIIIe SIÈCLE. *L'amour et l'Innocence.* Gravure en couleur.

202 — ÉCOLE ITALIENNE. *La Vierge, l'Enfant et Saint-Jean.*

203 — ÉCOLE MODERNE. *Bouquet de fleurs.* Aquarelle.

204 — ÉCOLE MODERNE. *Marie-Antoinette dans sa cellule.*

205 — ÉCOLE MODERNE. *Paysage, le Pêcheur.* Aquarelle.

206 — *Gravure ancienne : Scène de l'ancien testament.*

207-209 — Trois grandes lithographies : *Le Triomphe de Marie de Médicis* ; *l'Amour et Psyché* ; *Les Maîtres chanteurs.*

210 — Trompe l'œil avec calendrier perpétuel.

211 — Gravure. *La bataille d'Isly.*

TAPISSERIE, TAPIS, TENTURES

BRODERIES, DENTELLES

212 — Portière en ancienne tapisserie à personnage.

213 — Morceaux d'ancienne tapisserie.

214 — Deux décors de fenêtre en panne ornée de bandes en tapisserie au point.

215 — Paire de rideaux en soierie crème à raies vertes.

216 — Paire de rideaux en toile de Jouy.

217 — Ciel de lit et garniture de lit en toile de Jouy.

218 — Tapis en moquette à fond crème à fleurs de pavots.

219 — Grand tapis en moquette à fond vert.

220 — Grand tapis de Smyrne, fond crème à fleurs.

221 — Petit tapis persan ancien dessin polychrome sur fond crème, époque xve siècle.

222 — Selle et fonte de pistolets en ancien velours bleu brodé d'argent, époque Louis XIII.

223 — Tapis ancien persan à dessin polychrome fond rose et bleu.

224 — Chemin ancien de Perse dessin polychrome à rosaces.

225 à 229 — Quatorze panneaux en étoffe persane ancienne peinte à dessin imitant les tapis. (Seront divisés).

230 — Petit tapis ancien persan en étoffe brodée à fleurs.

231 — Fragment de tapis ancien persan du xiie siècle.

232 — Quatre rideaux en velours rouge avec bandes en tapisserie au point fond jaune.

233 à 236 — Six bandes en filet ancien. (Seront divisées).

237 — Belle cravate en ancien point d'Angleterre.

238 — Grand col en ancien point d'Angleterre.

239 — Panneau en ancienne soierie à fleurs en polychrome sur fond crème.

240 — Grand rideau en ancien damas de soie jaune, époque Louis XIV.

241 — Objets omis.

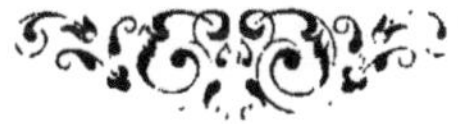

www.ingramcontent.com/pod-product-compliance
Ingram Content Group UK Ltd.
Pitfield, Milton Keynes, MK11 3LW, UK
UKHW020522180726
13839UKWH00005B/2260

9 782329 504278